www.ingramcontent.com/pod-product-compliance
Lightning Source LLC
LaVergne TN
LVHW010423070526
838199LV00064B/5396
9789358725681

کچھ اسلامی مضامین

ڈاکٹر محمد شرف الدین ساحلؔ

© Dr Mohd Sharfuddin Sahil
Kuch Islami Mazameen (Essays)
by: Dr Mohd Sharfuddin Sahil
Edition: February '2024
Publisher :
Taemeer Publications LLC (Michigan, USA / Hyderabad, India)

ISBN 978-93-5872-568-1

مصنف یا ناشر کی پیشگی اجازت کے بغیر اس کتاب کا کوئی بھی حصہ کسی بھی شکل میں بشمول ویب سائٹ پر اپ لوڈنگ کے لیے استعمال نہ کیا جائے۔ نیز اس کتاب پر کسی بھی قسم کے تنازع کو نمٹانے کا اختیار صرف حیدرآباد (تلنگانہ) کی عدلیہ کو ہو گا۔

© ڈاکٹر محمد شرف الدین ساحل

کتاب	:	کچھ اسلامی مضامین
مرتبہ	:	ڈاکٹر محمد شرف الدین ساحل
صنف	:	مذہب
ناشر	:	تعمیر پبلی کیشنز (حیدرآباد، انڈیا)
سالِ اشاعت	:	سنہ ۲۰۲۴ء
صفحات	:	۳۲
سرورق ڈیزائن	:	تعمیر ویب ڈیزائن

فہرست

(۱)	منصبِ نبوت	6
(۲)	اسلام کا عقیدۂ توحید	18
(۳)	حضرت عمر فاروقؓ	28

(۱) منصبِ نبوت

اللہ تعالیٰ کے اپنے بندوں پر اس قدر احسانات ہیں کہ ان کا اندازہ لگانا ممکن نہیں ہے۔ وہ رات کے اندھیرے کو دن کے اجالے سے اور دن کے اجالے کو رات کے اندھیرے سے بڑی تیزی سے ڈھانپتا ہے۔ یہ دونوں ایک دوسرے کا برق رفتاری سے پیچھا کرتے ہیں۔ ان دونوں کے بیچ ایک سکنڈ کا وقفہ تک نہیں ہوتا۔ یہی وہ گردشِ لیل و نہار ہے جس میں سانس لے کر انسان اپنی زندگی کی ضرورتیں اللہ تعالیٰ کے پر نعمت خزانے سے چیزیں حاصل کر کے پوری کر رہا ہے۔

ان فی خلق السمٰوت والارض واختلاف اللیل والنھار لایات لاولی الاباب۔ الذین یذکرون اللہ قیاماً وقعوداًوعلی جنوبھم ویتفکرون فی خلق السمٰوات ولارض۔ ربنا ماخلقت ھذاباطلاً(اٰل عمران:۱۹۰۔۱۹۱)

بلاشبہ آسمان وزمین کی خلقت میں اور رات دن کے ایک کے بعد ایک آتے رہنے میں اربابِ دانش کے لیے (معرفت حق کی) بڑی ہی نشانیاں ہیں۔ وہ اربابِ دانش جو کسی حال میں بھی اللہ کی یاد سے غافل نہیں ہوتے۔ کھڑے ہوں، بیٹھے ہوں، لیٹے ہوں (لیکن ہر حال میں اللہ کی یاد ان کے اندر بسی ہوتی ہے) جن کا شیوہ یہ ہوتا ہے کہ آسمان وزمین کی خلقت میں غور وفکر کرتے ہیں (اس ذکر و فکر کا نتیجہ یہ نکلتا ہے کہ ان پر معرفتِ حقیقت کا دروازہ کھل جاتا ہے۔ وہ پکار اٹھتے ہیں) خدایا یہ سب کچھ جو تو نے پیدا کیا ہے سو بلاشبہ بے کار وعبث پیدا نہیں کیا (ضروری ہے کہ یہ کارخانۂ ہستی جو اس حکمت وخوبی

کے ساتھ بنایا گیا ہے کوئی نہ کوئی مقصد و غایت رکھتا ہو)۔ یقیناً تیری ذات اس سے پاک ہے کہ ایک بے کار کام اس سے صادر ہو۔

یہ ایک مسلمہ حقیقت ہے کہ اللہ تعالیٰ جس طرح اپنی رحمت و شفقت و قدرت سے تاریکی کو روشنی سے، ظلمت کو نور سے اور خزاں کو بہار سے بدلتا ہے۔ ویران زمین کو اوپر سے بارش بھیج کر سرسبز و شاداب بنایا ہے تاکہ اس کا بندہ اپنی زندگی کا سامان فراہم کر سکے۔ بالکل اسی طرح جب ظلم و ستم، کفر و ضلالت اور عدوان و سرکشی کی تاریکی دنیا پر چھا جاتی ہے تو وہ اپنے بندوں کو کفر و ضلالت اور جہل و گمراہی کے اندھیروں سے نکالنے کے لیے ایمان و عرفان کے آفتاب کو ظاہر کر کے ہر طرف روشنی پھیلاتا ہے اور بارانِ رحمت نازل کر کے اپنے بندوں کے دلوں کی پژمردہ کھیتیوں کو سیراب کرتا ہے۔ یہ بھی اس کا اپنے بندوں پر ایک زبردست احسان ہے۔ چنانچہ وہ خود یہ دعویٰ کرتا ہے:

ھوالذی ینزل علیٰ عبدہٖ اٰیٰت بینٰت یخرجکم من الظلمت الی النور وان اللہ بکم لرؤف الرحیم (الحدید۔۹)

وہی اللہ ہے جو اپنے بندے (رسول) پر واضح آیتیں اتارتا ہے تاکہ تم کو تاریکیوں سے روشنی کی طرف لے آئے اور بے شک اللہ تم پر شفقت کرنے والا اور مہربان ہے۔

وہیں یہ بھی ارشاد ہوتا ہے کہ دنیا میں عدل و توازن قائم رکھنے کے لیے ہم نے رسولوں کو بھیجا:

لقد ارسلنا رسلنا بالبینات وانزلنا معھم الکتاب والمیزان لیقوم الناس بالقسط۔ (حدید۔۲۵)

ہم نے اپنے رسولوں کو نشانیوں کے ساتھ بھیجا اور ان کے ساتھ کتاب اور میزان کو اتارا تاکہ لوگ عدل و انصاف پر قائم ہوں۔

اس میں کوئی شک نہیں کہ اللہ تعالیٰ نے ہر دور کی ضرورت کے پیش نظر اپنی حکمت کے موافق نبیوں کو مبعوث فرمایا۔ یہی وہ مقدس و برگزیدہ ہستیاں ہیں جن کے ربانی نور سے دنیا منور ہوئی۔ کفر و ضلالت کی تاریکیاں مٹیں، ایمان و یقین کی روشنی پھیلی اور وحی الٰہی کی اس عالمِ آب و گِل میں مسلسل بارش ہوئی۔ قرآن شاہد ہے کہ اللہ تعالیٰ نے دنیا کی کسی قوم کو اس احسان و نعمت سے محروم نہیں رکھا۔ وہ کہتا ہے کہ ولکل قوم ھاد (الرعد۔۷) اور ہر قوم کے لیے ایک راہ دکھانے والا ہے۔۔۔ دوسری جگہ ارشاد ہوتا ہے:

ولکل امۃٍ رسول فاذا جاء رسولھم قضی بینھم بالقسط وھو لایظلموں۔ (یونس۔۴۷)

اور ہر امت کے لئے ایک رسول ہے (جو ان میں پیدا ہوتا ہے اور انہیں دین حق کی طرف بلاتا ہے)۔ پھر جب کسی امت میں اس کا رسول ظاہر ہو گیا تو (ہمارا قانون یہ ہے کہ) ان کے درمیان انصاف کے ساتھ فیصلہ کر دیا جاتا ہے اور ایسا نہیں ہوتا کہ ان کے ساتھ ناانصافی ہو۔

قرآن کا صاف صاف لفظوں میں یہ بھی دعویٰ ہے کہ:

ولقد بعثنا فی کل امۃٍ رسولا ان عبدوا اللہ واجتنبو الطاغوت فمنھم من ھدی اللہ و منھم من حقت علیہ الضلالہ فسیروفی الارض فانظروا کیف کان عاقبۃ المکذبین۔ (النحل۔۳۶)

اور یہ واقعہ ہے کہ ہم نے (دنیا کی) ہر امت میں کوئی نہ کوئی رسول ضرور پیدا کیا (تاکہ اس پیغام حق کا اعلان کر دے) کہ اللہ کی بندگی کرو اور سرکش قوتوں سے بچو۔ پھر ان امتوں میں سے بعض ایسی تھیں جن پر اللہ نے (کامیابی کی) راہ کھول دی۔ بعض ایسی تھیں جن پر گمراہی ثابت ہو گی۔ پس ملکوں کی سیر کرو اور دیکھو جو قومیں (سچائی کی) جھٹلانے والی تھیں انہیں بالآخر کیا انجام پیش آیا۔

دوسری جگہ یوں فرمایا:

انا ارسلنک بالحق بشیراً ونذیرا وان من امۃ الا خلا فیھا نذیر (فاطر۔۲۴)

ہم نے تم کو حق کے ساتھ بھیجا ہے۔ خوش خبری دینے والا اور ڈرانے والا بنا کر۔ اور کوئی امت ایسی نہیں جس میں ڈرانے والا نہ آیا ہو۔

اتنا ہی نہیں بلکہ اس نے جس قوم میں بھی اپنا رسول بھیجا وہ اسی قوم کی بولی بولنے والا اور اسی معاشرے کا منتخب ایک پسندیدہ فرد تھا۔ تا کہ وہ اس کے احکامات اور پیغامات کو انہیں آسانی سے سمجھا سکے۔

وما ارسلنا من رسول الا بلسان قومہ لیبین لھم (ابراہیم۔۴)

اور ہم نے کوئی پیغمبر دنیا میں نہیں بھیجا مگر اس طرح کہ اپنی قوم ہی کی زبان میں پیام حق پہنچانے والا تھا تا کہ لوگوں پر مطلب واضح کر دے۔

گویا اللہ تعالیٰ نے کسی بھی قوم و ملت اور کوئی بھی زبان بولنے والوں کو ہدایت سے محروم نہیں رکھا۔ اس نے کفر و ضلالت کی تاریکی سے اپنے بندوں کو نکال کر ایمان و عرفان کی دولت سے سرفراز کرنے کا یہ اہتمام و انتظام حضرت آدم علیہ السلام سے پیغمبر آخر الزماں حضرت محمد مصطفی ﷺ تک موقع و محل کے لحاظ سے کیا۔ یہ اس کا اپنے بندوں پر عظیم احسان ہے۔

لیکن نبوت کا یہ منصب معمولی نہیں ہے بلکہ غیر معمولی ہے۔ حضرت امام غزالیؒ کے قول کے مطابق: ”نبوت، انسانیت کے رتبہ سے بالاتر ہے، جس طرح انسانیت حیوانیت سے بالاتر ہے۔ یہ عطیۂ الٰہی اور محبت ربانی ہے۔ یہ سعی و محنت اور کسب و تلاش سے نہیں ملتی“۔۔۔ یہ اللہ تعالیٰ کا فضل ہے، اللہ تعالیٰ جس کو چاہتا ہے عطا کرتا ہے:

ھو الذی بعث فی الامین رسولاً منھم یتلو علیھم ایتہ ویزکیھم و یعلمھم الکتاب والحکمہ

وان کانو من قبل لفی ضلال مبین ۔واخرین منھم لما یلحقو بھم وھوالعزیز الحکیم۔ ذالک فضل اللہ یو تیہ من یشاواللہ ذوالفضل العظیم۔(الجمعہ:۲۔۳)

وہی اللہ ہے جس نے امیوں کے اندر ایک رسول انہیں میں سے اٹھایا۔ وہ ان کو اس کی آیتیں پڑھ کر سناتا ہے اور ان کو پاک کرتا ہے اور ان کو کتاب اور حکمت کی تعلیم دیتا ہے اور وہ اس سے پہلے کھلی گمراہی میں تھے اور دوسروں کے لیے بھی ان میں سے جو ابھی ان میں شامل نہیں ہوئے اور وہ زبردست ہے، حکمت والا ہے۔ یہ اللہ کا فضل ہے۔ وہ دیتا ہے جس کو چاہتا ہے اور اللہ بڑے فضل والا ہے۔

قرآن بار بار یہ اعلان کرتا ہے کہ اللہ جس کو منتخب کر کے پسند کرتا ہے اسی کو نبوت سے سرفراز کرتا ہے۔ چنانچہ ایک جگہ عام پیغمبروں کے متعلق ارشاد ہوتا ہے کہ:

اللہ یصطفی من الملئکۃ رسلاً و من الناس ان اللہ سمیع بصیر۔(حج:۷۵)

اللہ نے فرشتوں میں سے بعض کو پیام رسانی کے لیے برگزیدہ کر لیا، اسی طرح بعض انسانوں کو بھی (لیکن اس برگزیدگی سے انہیں معبود ہونے کا درجہ نہیں مل گیا جیسا گم راہوں نے سمجھ رکھا ہے) بلاشبہ اللہ ہی سننے والا، دیکھنے والا ہے۔

اس پسند وانتخاب کے متعلق مولانا ابوالکلام آزاد نے اپنے ایک مضمون فلسفۂ احتساب میں بہت ہی وقیع وجامع بات کہی ہے۔ وہ لکھتے ہیں:

جس طرح دھندلی روشنی کو ہر آنکھ نہیں دیکھ سکتی اسی طرح آفتاب کے قرص پر بھی ہر نگاہ نہیں ٹھہر سکتی۔ جب علما کی قوتِ احتساب بے اثر ہو جاتی ہے تو فطرتِ محتسبہ تمام دنیا کا احتساب براہِ راست نہیں کر سکتی۔ اس وقت خدا اپنے ایک کامل بندے کو چن لیتا ہے جو نورِ الٰہی کو جذب کر سکتا ہے۔ جس کی بصیرت میں آفتابِ الٰہی کے دیکھنے اور اکتسابِ نورانیت کی طاقتِ کامل موجود ہوتی ہے اور وہ دوسروں کے اندر بھی اس روشنی

کی کرنوں کو نافذانہ پہنچا سکتا ہے۔ یہی درجہ مقامِ اعظم نبوت ہے۔(مضامین البلاغ مرتبہ محمود الحسن صدیقی، ناشر ہندوستانی پبلشنگ ہاؤس دہلی، ۱۹۴۴ء، ص:۶۳)

پھر یہ بھی ایک ٹھوس سچائی ہے کہ منصب نبوت پر سرفراز کرنے سے پہلے اللہ تعالیٰ اپنے ان پسندیدہ اور منتخب بندوں کی حفاظت و نگہبانی کرتا ہے۔ اس کو قرآن مجید میں موجود حضرت ابراہیم علیہ السلام، حضرت اسمٰعیل علیہ السلام، حضرت اسحق علیہ السلام، حضرت یوسف علیہ السلام، حضرت موسیٰ علیہ السلام، حضرت یحییٰ علیہ السلام اور حضرت عیسیٰ علیہ السلام کے واقعات و حالات میں دیکھا جا سکتا ہے۔ نبی کریم ﷺ کے قبلِ نبوت کے حالات بھی اس حقیقت کی تصدیق کرتے ہیں۔ قرآن مجید کی سورہ والضحیٰ اس کا بین ثبوت پیش کرتی ہے۔ اس سلسلے میں حضرت مولانا سید سلیمان ندوی لکھتے ہیں:

"انبیائے کرام علیہم السلام کی سیرتوں پر غور کرنے سے معلوم ہوتا ہے کہ وہ جب سے عرصۂ وجود میں قدم رکھتے ہیں، اسی زمانے سے آنے والے وقت اور ملنے والے منصب کے آثار ان سے ظاہر ہونے لگتے ہیں۔ وہ حسب و نسب اور سیرت و صورت میں ممتاز ہوتے ہیں۔ شرک و کفر کے ماحول میں ہونے کے باوجود اس کی گندگی سے بچائے جاتے ہیں۔ اخلاقِ حسنہ سے آراستہ ہوتے ہیں۔ ان کی دیانت، امانت، سچائی اور راست گفتاری مسلم ہوتی ہے اور یہ تمہیدیں اس لیے ہوتی ہیں تاکہ منصب ملنے کے بعد ان کے دعوائے نبوت کی تصدیق اور لوگوں کے میلانِ خاطر کا سامان پہلے ہی سے موجود رہے۔"(سیرۃ النبی، جلد چہارم تالیف سید سلیمان ندوی، مطبوعہ مطبع معارف اعظم گڑھ، ۱۹۷۴ء، ص:۵۲،۵۱)

منصبِ نبوت سے سرفراز کرنے کے بعد بھی اللہ تعالیٰ ان کی حفاظت و نگہبانی کرتا ہے۔ انہیں برگزیدہ بناتا ہے اور سیدھی راہ چلاتا ہے:

واجتبینھم وھدینھم الیٰ صراط مستقیم۔(الانعام:۸۷)

ہم نے ان کو برگزیدہ کیا اور (فلاح وسعادت کی) سیدھی راہ چلایا۔

انبیائے کرام علیہم السلام، اللہ تعالیٰ کے محبوب بندے ہوتے ہیں اور وہ اس کی حفاظت و نگہبانی میں رہتے ہیں اس لیے گناہوں سے معصوم، ضلالت و گمراہی سے پاک، ہوائے نفسانی سے مبرّا، بے انتہا نیک اور صالح ہوتے ہیں (کل من الصالحین۔ الانعام: ۸۵) انہیں دنیا کے تمام لوگوں پر فضیلت حاصل ہوتی ہے۔(وکلا فضلنا علی العالمین۔ الانعام:۸۶)۔ ان کے علم وہدایت کا سرچشمہ عالم ملکوت سے ہوتا ہے۔ وہ ان بے شمار علوم و کمالات کو شکر گزاری اور قدرشناسی کے ساتھ قبول کرتے ہیں۔ جن کا افاضہ اللہ تعالیٰ کی طرف سے ہوتا ہے۔ اللہ تعالیٰ انہی حکمت کی نعمت سے بھی سرفراز فرماتا ہے اور شرح صدر کی دولت سے بھی مالامال کرتا ہے۔ انہیں عقل و تعقل کی ایسی زبردست قوت دیتا ہے جو عام انسانوں میں نہیں ہوتی۔ ان سب کے باوجود وہ اپنے اندر اختیار مستقل نہیں رکھتے اور نہ ہی علم محیط۔ اللہ تعالیٰ کے علم کے خزانے سے انہیں جو کچھ ملتا ہے وہ اسی پر اکتفا کرتے ہیں۔ وہ ان باتوں کے پیچھے نہیں پڑا کرتے جس سے اللہ تعالیٰ نے انہیں اپنی مصلحت کی بنا پر روک لیا ہو۔ نہ ہی یہ ان کے اختیار میں ہے کہ جو چاہیں کوشش کر کے معلوم کر لیا کریں:

وماکان اللہ لیطلعکم علی الغیب ولکن اللہ یجتبی من رسلہ من یشاء۔(آل عمران:۱۷۹)

مگر اللہ کا یہ طریقہ نہیں ہے کہ تم کو غیب پر مطلع کر دے۔ غیب کی باتوں کی اطلاع دینے کے لیے تو وہ اپنے رسولوں میں سے جس کو چاہتا ہے منتخب کر لیتا ہے۔

انبیا علیہم السلام اپنی طرف سے کچھ نہیں کہتے۔ نہ ہی خواہش نفس سے کلام کرتے

ہیں بلکہ اپنے ہر امر میں اللہ تعالیٰ کے مطیع و فرماں بردار ہوتے ہیں۔ اسی کے حکم کی پیروی کرتے ہیں اور اسی کے حکم سے لوگوں کو راہ ہدایت دکھاتے ہیں:

ما ینطق عن الھویٰ۔ ان ھو الا وحی یوحی (النجم: ۴،۳)

نبی خواہشِ نفس سے کلام نہیں کرتے بلکہ وہ وحی ہوتی ہے جو ان کو کی جاتی ہے۔

ایک جگہ فرمایا:

و جعلنھم ائمۃ یھدون بامرنا (انبیا: ۷۳)

اور ہم نے ان پیغمبروں کو ایسا رہنما بنایا ہے جو ہمارے حکم سے راہ دکھاتے ہیں۔

دوسری جگہ ارشاد ہوتا ہے:

وما ارسلنا من رسول الا لیطاع باذن اللہ (نساء: ۶۴)

ہم نے کوئی نبی نہیں بھیجا لیکن اس لیے کہ اللہ کے حکم سے اس کی اطاعت کی جائے۔

ایک جگہ نبی کریم ﷺ کو خاطب کر کے فرمایا:

یایھا النبی اتق اللہ ولا تطیع الکافرین المنفقین ان اللہ کان علیما حکیما۔ واتبع مایوحیٰ الیک من ربک ان اللہ کان بما تعملون خبیرا وتوکل علی اللہ وکفی باللہ وکیلا۔ (الاحزاب: ۳،۲،۱)

اے نبی اللہ سے ڈرو اور کافروں اور منافقوں کی اطاعت نہ کرو۔ بے شک اللہ جاننے والا، حکمت والا ہے۔ اور پیروی کرو اس چیز کی جو تمہارے رب کی طرف سے تم پر وحی کی جا رہی ہے۔ بے شک اللہ باخبر ہے اس سے جو تم لوگ کرتے ہو اور اللہ پر بھروسہ رکھو اور اللہ کارساز ہونے کے لیے کافی ہے۔

انبیا علیہم السلام کی آمد کا مقصد اور ان کی بعثت کی سب سے پہلی غرض روز الست

کے بھولے ہوئے ازلی عہد و پیماں کی یاددہانی ہے یہی وجہ ہے کہ ان کی تعلیم کا بنیادی اصول اور سب سے ضروری جز توحید اور ان کی دعوت کا اصلی و حقیقی محور اللہ تعالیٰ کی عبادت و بندگی کا اعلان رہا ہے۔ وہ لوگوں کو اپنا پرستار یا بندہ نہیں بناتے۔ بلکہ خدا کا پرستار و بندہ بناتے ہیں۔ قرآن کہتا ہے:

ماکان لبشر ان یوتیہ اللہ الکتٰب والحکم والنبوۃ ثم یقول للناس کونو عبادالی من دون اللہ ولکن کونوا ربّٰنیّن۔ (آل عمران:۷۹)

کسی انسان کو یہ بات سزاوار نہیں کہ اللہ اسے (انسان کی ہدایت کے لیے) کتاب اور حکم و نبوت عطا فرمائے اور پھر اس کا شیوہ یہ ہو کہ لوگوں سے کہے: خدا کو چھوڑ کر میرے بندے بن جاؤ (یعنی خدا کے احکام کی جگہ میرے حکموں کی اطاعت کرو) بلکہ یہی کہے گا کہ تم ربانی بنو۔

قرآن کہتا ہے کہ انبیا علیہم السلام اللہ تعالیٰ کے پیغامات و احکامات کو لوگوں تک پہنچاتے ہیں اور اپنے فرض منصبی کو پورا کرنے میں ہمیشہ خدا سے ڈرتے رہتے ہیں:

الذین یبلغون رسٰلتِ اللہ ویخشونہ ولایخشون احدا الا اللہ۔ (احزاب:۳۹)

انبیا اللہ کے پیغاموں کو پہنچاتے ہیں اور اس سے ڈرتے ہیں اور اللہ کے سوا کسی سے نہیں ڈرتے۔

چوں کہ انبیا علیہم السلام اللہ تعالیٰ کے حکم کے پابند ہوتے ہیں نیز امور نبوت اور امور دین میں ان کی کوئی رائے غلط نہیں ہوتی اس لیے صاف لفظوں میں کہہ دیا گیا کہ ہر شخص کو چاہئے کہ بغیر کسی بحث و مباحثے کے ان کے احکام کو تسلیم کرے۔ اس سلسلے میں چون وچرا کی کوئی گنجائش نہیں ہے:

ما اتاکم الرسول فخذوہ ومانہاکم عنہ فانتھو۔ (حشر:۷)

رسول جو کچھ تم کو دے اس کو لے لو اور جس چیز سے منع کرے اس سے رک جاؤ۔

یہی حقائق منصب نبوت کا تعین کرتے ہیں ۔ اس منصب پر فائز ہو کر انبیا علیہم السلام اپنے قدسی نفوس اور ایمانی قوت سے امر بالمعروف و نہی عن المنکر کا فریضہ انجام دیتے ہیں ۔ باطل طاقتوں کے خلاف تنہا اعلان حق کرتے ہیں۔ کفر و شرک کے مضبوط قلعہ پر یلغار کرتے ہیں۔ بے ہودہ رسم و رواج اور اوہام و خرافات کے طلسم کو توڑتے ہیں ۔ ظالم حکمرانوں کی غلامی سے مظلوم انسانوں کو چھڑاتے ہیں۔ پژمردہ دلوں میں ایمان و یقین کی روح پھونکتے ہیں۔ لوگوں کو امن و سکون کی دولت عطا کرتے ہیں۔ انہیں اخلاق حسنہ سے آراستہ کرتے ہیں۔ معبودانِ باطل سے نجات دلا کر ایک اللہ کی عبادت و بندگی کا طوق ان کی گردن میں ڈالتے ہیں اور ان تمام روحانی بیماریوں کا علاج کرتے ہیں جن میں مبتلا ہو کر انساں خدائے وحدہٗ لاشریک کو فراموش کر دیتا ہے۔ ان کا چشمہ فیض عام ہوتا ہے۔ ان کا دریائے خیر و برکت سب کے لیے رواں ہوتا ہے لیکن اس سے استفادہ کرنا حسنِ استعداد پر موقوف ہے۔ جو لوگ استفادہ نہیں کر پاتے انہیں اپنی سوئے استعداد پر ماتم کرنا چاہیے۔ خون کے آنسو بہانا چاہیے۔ لیکن جو لوگ ان کی تعلیمات سے منتفع ہوتے ہیں دنیا و آخرت کی سعادت و نعمت ان کے قدم چومتی ہے۔ ان اہلِ ایمان کو اپنی جان سے زیادہ ان مقدس اور مطہر ہستیوں سے لگاؤ ہوتا ہے۔ قرآن مجید اس کی شہادت ان الفاظ میں دے رہا ہے:

النبی اولٰی بالمومنین من انفسھم (الاحزاب:٦)

ایمان والوں کو اپنی جان سے زیادہ نبی سے لگاؤ ہے۔

حضرت مولانا شبیر احمد عثمانی نے اس آیت کی جو تفسیر لکھی ہے وہ بڑی جامع اور معنی خیز ہے۔ وہ منصب نبوت اور حقیقت نبوت کو بہت ہی خوبی اور صفائی کے ساتھ

نمایاں کرتی ہے۔ موصوف لکھتے ہیں:

مومن کا ایمان اگر غور سے دیکھا جائے تو ایک شعاع ہے اس نور اعظم کی جو آفتاب نبوت سے پھیلتا ہے۔ آفتاب نبوت پیغمبر علیہ الصلوٰۃ و السلام ہوئے۔ بنا بریں مومن (من حیث ہو مومن) اگر اپنی حقیقت سمجھنے کے لیے حرکت فکری شروع کرے تو پنی ایمانی ہستی سے پیشتر اس کو پیغمبر علیہ السلام کی معرفت حاصل کرنی پڑے گی۔ اس اعتبار سے کہہ سکتے ہیں کہ نبی کا وجود مسعود خود ہماری ہستی سے بھی زیادہ ہم سے نزدیک ہے اور اگر اس روحانی تعلق کی بنا پر کہہ دیا جائے کہ مومنین کے حق میں نبی بمنزلہ باپ بلکہ اس سے بھی بمراتب بڑھ کر ہے تو بالکل بجا ہو گا۔ چنانچہ سنن ابی داؤد میں ہے۔ انما انالکم بمنزلۃ الوالد۔ اور ابی بن کعب وغیرہ کی قرأت میں آیت ہٰذا: النبی اولیٰ بالمومنین۔ الخ کے ساتھ وھواب لھم کا جملہ اس حقیقت کو ظاہر کرتا ہے۔

باپ بیٹے کے تعلق میں غور کرو تو اس کا حاصل یہ ہی نکلتا ہے کہ بیٹے کا جسمانی وجود باپ کے جسم سے نکلا ہے اور باپ کی تربیت و شفقت طبعی اوروں سے بڑھ کر ہے۔ لیکن نبی اور امتی کا تعلق کیا اس سے کم ہے؟ یقیناً امتی کا ایمانی و روحانی وجود نبی کے روحانیت کبریٰ کا ایک پرتو اور ظل ہوتا ہے۔ جو شفقت و تربیت نبی کی طرف سے ظہور پذیر ہوتی ہے، ماں باپ تو کیا تمام مخلوق میں اس کا نمونہ نہیں مل سکتا۔ ماں باپ کے ذریعہ سے اللہ تعالیٰ نے ہم کو دنیا کی عارضی حیات عطا فرمائی تھی۔ لیکن نبی کے طفیل ابدی اور دائمی حیات ملتی ہے۔ نبی کریم ﷺ ہماری وہ ہمدردی و خیر خواہی، شفقت و تربیت فرماتے ہیں جو خود ہمارا نفس بھی اپنی نہیں کر سکتا۔ (قرآن مجید مترجم و محشی مطبوعہ مدینہ پریس، بجنور، ص: ۵۴۲)

ان تفصیلات سے یہ بات بالکل واضح ہو جاتی ہے کہ یہ اللہ تعالیٰ کا فضل و کرم اور اس

کا احسان ہے کہ اس نے ہماری مادی ترقی و اصلاح کی طرح ہماری روحانی ترقی و اصلاح کا بھی اہتمام و انتظام کیا۔ اگر انبیائے کرام علیہم السلام دنیا میں تشریف نہ لاتے تو یہ دنیا ایک ظلمت کدۂ ہلاکت بن جاتی۔

(۲) اسلام کا عقیدۂ توحید

اللہ تبارک و تعالیٰ ایک ہے۔ بے نیاز ہے۔ اس کی ذات و صفات میں اس کا کوئی شریک نہیں۔ زمین اور آسمانوں کی ہر چیز اس کی حمد و ثنا بیان کرتی ہے۔ وہ زبردست حکمت والا ہے۔ وہی زمین اور آسمانوں کی سلطنت کا مالک ہے۔ سب کی زندگی اور موت اسی کے قبضے میں ہے۔ وہی ہر چیز پر قدرت رکھتا ہے۔ وہ اول ہے، آخر ہے، ظاہر ہے، باطن ہے اور اسے ہر چیز کا علم ہے۔

"سبح للہ مافی السمٰوت و الارض وھو العزیز الحکیم۔ لہ ملک السمٰوات والارض یحی ویمیت وھو علی کل شی قدیر۔ ھو الاول والآخر والظاھر والباطن وھو بکل شی علیم۔" (الحدید: ۳۔۲۔۱)

وہ مالک یوم الدین اور احکم الحاکمین ہے۔ احسن الخالقین اور خیر الماکرین ہے۔ اسی کے ادنیٰ اشارے پر نظامِ کائنات چل رہا ہے۔ وہ اس وقت بھی موجود تھا جب کچھ نہیں تھا اور اس وقت بھی موجود رہے گا جب اس کے حکم سے نظامِ کائنات درہم برہم ہو جائے گا۔

قرآن شاہد ہے کہ جب اللہ تبارک و تعالیٰ نے دنیا میں اپنا خلیفہ بھیجنا چاہا تو سب سے پہلے حضرت آدم علیہ السلام کی تخلیق کی۔ پھر ان کی پشت سے ان کی ذریت کو نکالا اور سب کو سمجھ عطا کر کے ان سے یہ سوال کیا کہ کیا میں تمہارا رب نہیں ہوں؟ سب نے اس عقلِ خداداد سے حقیقتِ امر کو سمجھ کر جواب دیا کہ کیوں نہیں۔ واقعی آپ ہمارے رب ہیں۔ خالق و مخلوق اور عبد و معبود کے درمیان یہ عظیم الشان عہد و میثاق اس وقت

ہوا جبکہ حضرتِ آدم علیہ السلام ابھی دنیا میں تشریف نہیں لائے تھے۔ گویا کہ عہدِ ازل اور عہدِ الست ہی میں اللہ تبارک و تعالیٰ نے ذریتِ آدم کو اپنی توحید و ربوبیت سے آشنا کر دیا تھا اور اپنی ربوبیت کا ان سے اقرار لے لیا تھا۔

”وَاِذْ اَخَذَ رَبُّکَ مِنْ بَنِیْٓ اٰدَمَ مِنْ ظُھُوْرِھِمْ ذُرِّیَّتَھُمْ وَاَشْھَدَھُمْ عَلٰٓی اَنْفُسِھِمْ اَلَسْتُ بِرَبِّکُمْ قَالُوْا بَلٰی شَھِدْنَا اَنْ تَقُوْلُوْا یَوْمَ الْقِیٰمَۃِ اِنَّا کُنَّا عَنْ ھٰذَا غٰفِلِیْنَ۔“ (الاعراف: ۱۷۲)

”اور (اے پیغمبر! وہ وقت بھی لوگوں کو یاد دلاؤ) جب تمہارے پروردگار نے بنی آدم سے یعنی اس ذریت سے جو آدم کے وجود سے (نسلاً بعد نسل) پیدا ہونے والی تھی عہد لیا تھا اور انہیں (یعنی ان میں سے ہر ایک کو اس کی فطرت میں) خود اس پر گواہ ٹھہرایا تھا۔ کیا میں تمہارا پروردگار نہیں ہوں؟ سب نے جواب دیا تھا۔ ہاں۔ (تو ہی ہمارا پروردگار ہے) ہم نے اس کی گواہی دی اور یہ اس لیے کیا تھا کہ ایسا نہ ہو تم قیامت کے دن عذر کر بیٹھو کہ ہم اس سے بے خبر رہے۔“

حضرت آدم علیہ السلام اسی معرفتِ الٰہی کے ساتھ دنیا میں تشریف لائے۔ انہوں نے اپنی اولادوں کو ایک اللہ کی عبادت و بندگی کی تعلیم دی جس کے نتیجے میں ان کی زندگی تک سب شاہراہِ توحید پر گامزن رہے۔ یہی وہ دور ہے جس کو قرآن کان الناس اُمَّۃً وَّاحدہ (البقرہ: ۲۱۳) کی عزت و عظمت سے سرفراز کرتا ہے۔ لیکن حضرت آدم علیہ السلام کے بعد عقلِ انسانی پر جب طاغوت نے حملہ کیا تو اب انسان نے اللہ تبارک و تعالیٰ کو محسوس و مشہود طریقے سے دیکھنے کی کوشش شروع کی۔ نتیجہ یہ نکلا کہ وہ راہِ حق سے منحرف ہوتا چلا گیا۔ اس نے ایک اللہ کی جگہ پتھروں کے کئی الٰہ (خدا) بنا لیے۔ اتنا ہی نہیں بلکہ سورج، چاند، ستاروں، دریاؤں، پہاڑوں، درختوں، جانوروں، کیڑوں، مکوڑوں اور شیطانوں کو بھی اپنا معبود و مسجود بنا لیا۔ ایسے بدترین حالات میں اللہ تبارک و تعالیٰ اپنے

بندوں کو راہِ راست پر لانے اور انہیں عملِ صالح پر لگانے کے لیے مختلف اوقات میں کسی نبی یا رسول کو بھیجتا رہا جو انہیں توحید سے آشنا کرتے رہے۔ ایک اللہ کی عبادت و بندگی کی تعلیم دیتے رہے۔ انبیا علیہم السلام کے بے انتہا سمجھانے کے بعد بھی جو قوم یا جماعت طغیان و سرکشی اور فتنہ و فساد سے باز نہ آتی اور توحید کا مذاق اڑاتی رہتی تو اللہ تبارک و تعالیٰ اس کو سخت سے سخت سزائیں دیتا رہا۔ قوم نوح، قوم عاد، قوم ثمود، قوم لوط، اصحاب مدین، اصحاب رس، اصحاب ایکہ کی ہلاکت و بربادی اس کی واضح مثالیں ہیں۔ ہدایت کا یہ سلسلہ حضرت آدم علیہ السلام سے بعثت محمد ﷺ تک مسلسل اور مربوط ہے۔ اس اثنا میں بے شمار انبیا علیہم السلام اس دنیا میں تشریف لائے۔ یہاں تک کہ اللہ تبارک و تعالیٰ نے کسی قوم کو ہدایت سے محروم نہیں رکھا۔ لیکن انسان کی فکرِ گستاخ اس آسمانی ہدایت سے فیض یاب نہ ہو سکی۔ وہ راہِ راست پر نہ آ سکی۔ رسول اکرم ﷺ کی بعثت سے پہلے یہ حال تھا کہ انسان اپنے سے کمترین چیزوں کے آگے سجدہ ریز تھا۔ اپنی ہی جیسی سیکڑوں مجبور اور بے اختیار ہستیوں کو نافع اور قادر و مختار سمجھ کر اپنا الٰہ و معبود سمجھ رہا تھا۔ چاند، سورج، پتھر، آگ، پانی کی پرستش پورے ذوق و شوق سے کی جا رہی تھی۔ تہذیب کے سر سے شرم و اخلاص کی ردا گر چکی تھی۔ میکشی کو ہنر اور زنا کو معتبر تسلیم کیا جا رہا تھا۔ فہم و ادراک پر جہالت کی حکمرانی تھی۔ کفر و شرک کا غلبہ تھا۔ ترقی کی رفتار تھم چکی تھی۔ حد تو یہ ہے کہ آسمانی کتابوں میں بھی نفسانی خواہشات کے تقاضے کے تحت تحریف کر دی گئی تھی۔ یہ ساری خرابیاں اس لیے رونما ہوئیں کہ ایک اللہ کا یقین دلوں سے نکل چکا تھا۔ اس اللہ کا جو موت کے بعد آخرت کی زندگی میں ہر انسان سے ذرہ ذرہ برابر نیکی اور ذرہ ذرہ برابر بدی کا حساب لے گا۔ جو نیک انسانوں (مومنین و مسلمین) کو جنت کی نعمتیں عطا کرے گا اور برے انسانوں (کافرین و مشرکین) کو دوزخ کی آگ میں جلائے گا۔

اس بدترین شرک و کفر کے ماحول میں اللہ تبارک و تعالیٰ نے اپنے آخری نبی حضرت محمد ﷺ کو اس دنیا میں مبعوث فرمایا اور آپ پر ۲۳ سال کے قلیل عرصے میں اپنا وہ آخری ہدایت نامہ رفتہ رفتہ نازل کیا جو قرآن کے نام سے موسوم ہے۔ یہی وہ صحیفۂ ربانی اور کتابِ مبین ہے جو توحید کے اثبات اور شرک کی نفی سے پُر ہے۔ اس تناظر میں اس کا زورِ بیان منفرد اور اسلوب بے مثال ہے۔ دنیا کی یہی وہ واحد کتاب ہے جو توحید کو اپنی پوری قوت سے ثابت کر کے شرک کو پورے طور سے رد کرتی ہے۔ یہ اسی کتاب کا معجزہ ہے کہ اس نے توحید کو غالب اور شرک کو مغلوب کیا۔ اسی نے صاف الفاظ میں دین کی تکمیل کا اعلان کیا اور اتمامِ نعمت کی خوش خبری بھی سنائی اور یہ بھی بتا دیا کہ اللہ تعالیٰ نے دین اسلام کو پسند کر لیا ہے۔ یہیں سے فکرِ انسانی نے ایک نئے سفر کا آغاز کیا اور جامد پتھروں کے پوجنے والے ایک اللہ کے آگے سجدہ ریز ہوئے۔ اس کتاب کے زیرِ اثر توحید کا ایک ایسا زبردست انقلاب آیا کہ تہذیب و تمدن کے ساکت و خاموش سمندر میں یکایک جوش آیا اور علوم و فنون کے اس قدر نئے نئے دروازے کھلے جس نے دورِ جدید کو نکھارنے میں بنیادی کردار ادا کیا۔

قرآن جو اللہ کا کلام اور اسلام کا جامع و اکمل دستور ہے، توحید کی تعلیم میں انتہائی غیور ہے۔ وہ کبھی برداشت نہیں کرتا کہ ایک اللہ کی چوکھٹ کے علاوہ کسی دوسرے کی چوکھٹ پر سر جھکایا جائے۔ وہ ایسے تمام لوگوں کو مشرک کے نام سے یاد کرتا ہے جو اللہ کی ذات و صفات میں کسی اور کو شریک ٹھہراتے ہیں اور اللہ کو چھوڑ کر غیر اللہ کے آگے دستِ سوال دراز کرتے ہیں۔ وہ کہتا ہے کہ ایک اللہ کے سوا کوئی الٰہ (معبود) نہیں ہے۔ اس ایک اللہ کی خوبی یہ ہے کہ وہ حی و قیوم ہے۔ لایموت ولم یزل ہے۔ مصور، مھیمن، جبار، قھار، رحمن، رحیم اور متکبر ہے۔ عالم الغیب والشھادہ ہے۔ زمین و آسمان کا نور ہے۔

ہر شئ کا احاطہ کیے ہوئے ہے۔ اس کو اونگھ آتی ہے اور نہ ہی نیند۔ زمین اور آسمانوں میں جو کچھ ہے وہ ان سب کا خالق و مالک ہے۔ کسی کی مجال نہیں کہ اس کی اجازت کے بغیر کوئی کسی کے واسطے اس سے سفارش تک کر سکے۔ ماضی و حال میں جو واقعات و حادثات رونما ہوئے ہیں یا ہو رہے ہیں یا مستقبل میں ہونے والے ہیں اسے ان سب کا مکمل علم ہے۔ کائنات کا ہر ذرہ اپنے وجود و متعلقاتِ وجود میں اس کا محتاج ہے۔ وہی نظامِ عالم کو تنہا چلا رہا ہے۔ زمین سے آسمان تک اس کی لامحدود سلطنت پھیلی ہوئی ہے جس کی نگرانی وہ خود کر رہا ہے۔ اس میں اس کا کوئی شریک و سہیم نہیں۔ وہ جس کو چاہتا ہے عزت دیتا ہے۔ جس کو چاہتا ہے ذلیل و رسوا کرتا۔ جس کو چاہتا ہے مفلس و قلاش بناتا ہے اور جس کو چاہتا ہے بے حساب رزق دیتا ہے۔ وہ انسان کی آنکھوں کی چوری اور اس کے سینے کی چھپی ہوئی چیزوں کو بھی جانتا ہے۔ اس کی سماعت کا یہ حال ہے کہ زمین پر چلنے والی چیونٹی کی آواز تک کو سنتا ہے۔ اس کی فرماں روائی کی یہ شان ہے کہ جس بات کا ارادہ کرتا ہے اور کہتا ہے کہ ہو جا تو بس وہ ہو جاتا ہے۔ وہی انسان کی حفاظت کرتا ہے اور اس کے پہرے دار انسان کی حفاظت کے لیے مقرر ہیں۔ وہ رات کو دن سے اور دن کو رات سے نکالتا ہے۔ مردے سے زندہ کو اور زندہ کو مردے سے پیدا کرتا ہے۔ غرض کہ سب کچھ اسی کے دستِ قدرت میں ہے۔ وہ اللہ وہ ہے جو انسان کی رگِ گردن سے زیادہ قریب ہے۔ وہ ہر انسان کی دعا و مناجات کو ہر وقت اور ہر مقام پر سنتا ہے۔ اس کا دریائے نعمت سب کے لئے یکساں بہہ رہا ہے اور اس کی ربوبیت و رحمت کا چشمۂ فیض ہر وقت جاری و ساری ہے۔ اسی توحید کی خاتم النبیین حضرت محمد ﷺ نے اللہ تبارک و تعالیٰ کے حکم سے تعلیم دی ہے۔ چنانچہ آپ کو ارشاد ہوتا ہے:

قل یا ایھاالناس انی رسول اللہ الیکم جمیعان الذی لہٗ ملک السمٰوات والارض لا الہ

الاھو یحی ویمیت فامنوباللہ ورسولہ النبی الامتی۔(الاعراف:۱۵۸)

(اے محمد ﷺ) آپ لوگوں سے کہہ دیجیے کہ اے افرادِ نسلِ انسانی میں تم سب کی طرف اللہ کا بھیجا ہوا آیا ہوں۔ وہ اللہ کہ آسمانوں کی اور زمین کی ساری بادشاہت اسی کے لیے ہے۔ کوئی معبود نہیں مگر اسی کی ایک ذات۔ وہی جلاتا ہے، وہی مارتا ہے۔ پس اللہ پر ایمان لاؤ اور اس کے رسول نبی اُمّی پر۔

پھر آپ ﷺ کو یہ بھی بتادیا کہ یہ کوئی نیا پیغام نہیں ہے۔ ہم نے تمام انبیا علیہم السلام کو یہی ایک پیغام دے کر دنیا میں بھیجا ہے:

"ومارسلنا من قبلک من رسول الّایوحی الیہ انہ لا الہ الا انافاعبدون"(الانبیآ:۲۵)

اور (اے محمد ﷺ) ہم نے تجھ سے پہلے کوئی پیغمبر ایسا نہیں بھیجا جس پر اس بات کی وحی ہم نے نہ بھیجی ہو کہ کوئی معبود نہیں ہے مگر صرف میری ذات۔ پس چاہیے کہ میری ہی بندگی کرو۔

حضرت محمد ﷺ نے اپنے ۲۳ سالہ دور نبوت میں اس حکم پر زبردست اذیتیں اور تکلیفیں برداشت کر کے دعوتِ توحید کو عام کرنے کے لیے اس قدر سخت محنت کی کہ باطل نظریات پاش پاش ہو کر رہ گئے۔ آپ ﷺ دعوت و تبلیغ کے دوران اللہ تبارک و تعالیٰ کے فرمان کی روشنی میں اس نمایاں انداز سے اپنی حقیقت بھی واضح کرتے رہے کہ توحید الٰہی ہر پل ظاہر ہوتی چلی گئی اور مشرکین دائرۂ اسلام میں آتے گئے۔ بت پرستی کا طلسم ٹوٹتا گیا یہاں تک کہ سارا عرب اسلام کے زیرِ نگیں آگیا۔

قل لا املک لنفسی نفعاًولا ضراالاماشاءاللہ۔ ولو کنت اعلم الغیب لاستکثرت من الخیر وما مسنی السوء ان اناالانذیروبشیر لقوم یومنون۔(الاعراف:۱۸۸)

(اے محمد ﷺ) تم کہہ دو میرا حال تو یہ ہے کہ خود اپنی جان کا نفع و نقصان بھی

اپنے قبضے میں نہیں رکھتا۔ وہی ہو کر رہتا ہے جو اللہ چاہتا ہے۔ اگر مجھے غیب کا علم ہوتا تو ضرور ایسا کرتا کہ بہت سی منفعت بٹور لیتا اور (زندگی میں) کوئی گزند مجھے نہ پہنچتا۔ میں اس کے سوا کیا ہوں کہ ماننے والوں کے لیے خبردار کر دینے والا اور بشارت دینے والا ہوں۔

قل لا اقول لکم عندی خزائن اللہ، ولا اعلم الغیب ولا اقول لکم انی ملک ان اتبع الا مایوحیٰ الیَّ۔ (الانعام:۵۰)

(اے محمد ﷺ) تم ان لوگوں سے کہہ دو میں تم سے یہ نہیں کہتا کہ میرے پاس اللہ کے غیبی خزانے ہیں۔ نہ یہ کہتا ہوں کہ غیب کا جاننے والا ہوں۔ نہ میرا یہ کہنا ہے کہ میں (انسانیت سے ماورا) فرشتہ ہوں۔ میری حیثیت تو فقط یہ ہے کہ اسی بات پر چلتا ہوں جس کی اللہ نے مجھ پر وحی کر دی ہے اور اسی کی طرف تمہیں بھی بلاتا ہوں۔

قل انما انا بشر مثلکم یوحیٰ الیَّ انما الٰھکم الہ واحد فمن کان یرجو القاء ربہ فلیعمل عملا صالحا ولا یشرک بعبادۃ ربہ احدا۔ (الکہف:۱۱۰)

اے محمد ﷺ! آپ کہہ دیجئے میں تو اس کے سوا کچھ نہیں ہوں کہ تمہارے ہی جیسا ایک آدمی ہوں۔ البتہ اللہ نے مجھ پر وحی کی ہے کہ تمہارا معبود وہی ایک ہے۔ اس کے سوا کوئی نہیں۔ پس جو کوئی اپنے پروردگار سے ملنے کی آرزو رکھتا ہے چاہئے کہ اچھے کام انجام دے اور اپنے پروردگار کی بندگی میں کسی دوسری ہستی کو شریک نہ کرے (بس اس کے سوا میری کوئی پکار نہیں)

یہ وہ آیات ربانی ہیں جو الوہیت و نبوت کے بیچ ایک سیدھی لکیر کھینچتی ہے۔ اللہ تعالیٰ نے اپنی توحید کو پوری طرح سے نمایاں کرنے کے لیے اپنے مقدس رسول ﷺ کے ذریعہ لوگوں پر یہ بات بھی ظاہر کر دی کہ میرا مقدس رسول ﷺ نہ الٰہ

(معبود) ہے نہ مظہر الٰہ ، نہ غیب داں ہے نہ مالک دوجہاں اور نہ ہی دافع مشکلات و مصائب بلکہ وہ صرف میرا برگزیدہ بندہ اور رسول ہے۔

حضرت محمد ﷺ کا پیغمبرانہ مشن اور آپ کی دعوت و تبلیغ اسی توحید کے گرد گھومتی ہے۔ آپ ﷺ نے صحابہ کو بھی اسی توحید کی تعلیم دی اور اسی ایک اللہ کے آگے دستِ دعا پھیلانے کی نصیحت کی چنانچہ حضرت ابو بکر صدیقؓ کو صبح، شام اور رات کو سوتے وقت بستر پر یہ دعا پڑھنے کی تلقین فرمائی:

اللّٰھم فاطر السمٰوات والارض عالم الغیب والشھادۃ رب کل شی وملیکہ اشھد ان لا الہ الا انت اعوذ بک من شر نفسی و شر الشیطان و شر کہٖ۔ (ابوداؤد والترمذی)

اے زمین و آسمان کے پیدا کرنے والے، غیب و شہود کا پورا علم رکھنے والے، ہر چیز کے مالک و پروردگار۔ میں گواہی دیتا ہوں کہ تیرے سوا کوئی قابل پرستش نہیں، میں تیری پناہ چاہتا ہوں، اپنے نفس کے شر سے اور شیطان کے شر سے اور اس کے شرک سے (یعنی اس بات سے کہ وہ مجھے شرک میں مبتلا کردے)۔

اور حضرت ابن عباسؓ کو یہ تعلیم دی:

”یاغلام احفظ اللہ یحفظک احفظ اللہ تجدہ تجاھک، واذاسالت فاسئل اللہ واذا استعنت فاستعن باللہ واعلم ان الامۃ لواجتمعت علی ان ینفعوک بشی لم ینفعوک الابشی کتب اللہ لک ولواجتمعوا علیٰ ان یضروک بشی لم یضروک الابشی قد کتب اللہ علیک رفعت الاقلام وجفت الصحف۔“ (ترمذی)

اے لڑکے اللہ کو یاد رکھ وہ تجھ کو یاد رکھے گا۔ اللہ کو یاد رکھ تو اس کو اپنے سامنے پائے گا اور جب تو کچھ مانگے تو اللہ ہی سے مانگ اور جب تو مدد چاہے تو اللہ ہی سے چاہ۔ اور یہ یقین کرلے کہ اگر سب بندے مل کر کوشش کریں کہ تجھے اس چیز سے فائدہ پہنچائے

جو اللہ نے تیرے لیے مقدر نہیں کی تو وہ ایسا کرنے کی قدرت نہ پائیں گے مگر جتنا کہ اللہ نے تیرے لیے لکھ دیا۔ اور اگر سب بندے مل کر تجھے کسی چیز سے ضرر پہنچانے کی کوشش کریں جو اللہ نے تیرے لیے مقدر نہیں کی تو اس پر قدرت نہ پائیں گے۔ قلم اٹھا لیے گئے اور کتابیں خشک ہو گئیں۔

اسی طرح جب بھی کسی کام کی آپ ﷺ کو فکر لاحق ہوتی تو آسمان کی طرف نظر اٹھا کر کہتے: سبحان اللہ العظیم اور جب دعا مانگتے تو فرماتے یا حی و یا قیوم۔ آپ ﷺ نے صبح و شام خود اس طرح دعا مانگی ہے:

امسینا وامسی الملک للہ والحمد للہ ولا الہ الا اللہ وحدہ لا شریک لہ لہ الملک ولہ الحمد وھو علی کل شی قدیر۔ اللھم انی اسئلک من خیر ھذہ اللیلۃ وخیر مافیھا واعوذ بک من شرھا وشر مافیھا۔ اللھم انی اعوذ بک من الکسل والھدم وسوئِ الکبر وفتنۃ الدنیا وعذاب القبر۔ (مسلم)

یہ شام اس حال میں ہو رہی ہے کہ ہم اور یہ ساری کائنات اللہ ہی کے ہیں۔ ساری حمد و ستائش اسی اللہ کے لئے ہے، اس کے سوا کوئی معبود نہیں، اس کا کوئی شریک ساجھی نہیں، راج اور ملک اسی کا ہے، وہی لائق حمد و ثنا ہے، اور وہ ہر چیز پر قادر ہے۔۔۔ اے اللہ! یہ آنے والی رات اور جو کچھ اس رات میں ہونے والا ہے میں اس کے خیر کا تجھ سے سائل ہوں، اور اس کے شر سے تیری پناہ مانگتا ہوں۔ پروردگار! تیری پناہ سستی اور کاہلی سے (جو امور خیر سے محرومی کا سبب بنتی ہے) تیری پناہ بالکل نکما کر دینے والے بڑھاپے سے، اور کبر سنی کے برے اثرات سے، تیری پناہ دنیا کے ہر فتنہ سے (اور یہاں کی ہر آزمائش سے) تیری پناہ قبر کے عذاب سے۔۔۔ اور جب صبح ہوتی تو رسول اللہ ﷺ بس ایک لفظ کی تبدیلی کے ساتھ یوں عرض کرتے: اصبحنا واصبح الملک للہ۔ (ہماری صبح اس حال میں ہو رہی ہے کہ ہم اور یہ ساری کائنات اللہ ہی کے ہیں۔)

اسلام کا یہی وہ عقیدۂ توحید ہے جو معبودانِ باطل کی نفی کرتا ہے۔ وہ صرف ایک اللہ کی غلامی و بندگی کے دائرے میں لاتا ہے۔ اس میں شخصیت پرستی، قبر پرستی، زر پرستی اور اسی طرح کی دیگر پرستیوں کے لیے کوئی گنجائش نہیں ہے۔ جو اللہ کو چھوڑ کر کسی اور کی محبت کو اپنے دل میں بسائے گا یا کسی غیر اللہ کے آگے دستِ سوال دراز کرے گا یا کسی اور پرستی میں مبتلا رہے گا تو اس کا شمار میدانِ حشر میں مجرمین کے گروہ میں ہو گا۔

(۳) حضرت عمر فاروقؓ

حضرت عمر فاروقؓ مسلمانوں کے دوسرے خلیفہ ہیں۔ ان کے والد کا نام خطّاب تھا۔ وہ ۵۸۳ء میں مکہ میں پیدا ہوئے۔ جب بڑے ہوئے تو ان کے والد نے انہیں اونٹ چرانے کے کام پر مامور کیا۔ جوانی میں پہلوانی، کشتی اور شہسواری کے فن میں مہارت حاصل کی اور لکھنا پڑھنا بھی سیکھا۔ ان کے معاش کا ذریعہ تجارت تھی۔

حضرت عمرؓ کے اسلام قبول کرنے کا واقعہ دلچسپ ہے۔ وہ اسلام کے شدید دشمن تھے۔ اپنے خاندان کے ان لوگوں کو جنھوں نے اسلام قبول کر لیا تھا خوب مارتے تھے۔ ان کی سختیوں کے باوجود جب کوئی اسلام سے بد دل نہ ہوا تو (نعوذ باللہ) خود اسلام کے بانی حضرت محمدؐ کے قتل کا ارادہ کیا اور تلوار لے کر آپؐ کی تلاش میں نکل پڑے۔ راستے میں حضرت نعیمؓ سے ملاقات ہوئی۔ ان کے بگڑے تیور دیکھ کر نعیمؓ نے پوچھا: کہاں جا رہے ہو؟ بولے کہ محمدؐ کا قصہ تمام کرنے۔ نعیمؓ نے کہا کہ پہلے اپنے گھر کی خبر لیجئے۔ تمہاری بہن اور بہنوئی اسلام قبول کر چکے ہیں ۔ حضرت عمرؓ فوراً پلٹے اور بہن کے گھر آئے۔ اس وقت دونوں قرآن مجید کی تلاوت کر رہے تھے۔ ان کی آہٹ سنتے ہی چپ ہو گئے اور قرآن کے اجزا چھپا دیے۔ حضرت عمرؓ نے بہن سے پوچھا کہ کیا پڑھ رہے تھے؟ بہن نے کہا: "کچھ نہیں"۔ بولے کہ میں سن چکا ہوں۔ تم دونوں مرتد ہو گئے ہو۔ یہ کہہ کر اپنے بہنوئی کو پیٹنے لگے۔ جب بہن بچانے کو آئیں تو ان کو بھی پیٹا یہاں تک کہ دونوں کا جسم لہولہان ہو گیا۔ اس حالت میں بھی ان کی زبان سے یہی نکلا کہ اے عمر! یہ جان جا سکتی

ہے لیکن اب اسلام دل سے نہیں نکل سکتا۔ ان الفاظ نے حضرت عمرؓ کے دل پر ایک خاص اثر کیا۔ انھوں نے بہن کی طرف محبت کی نگاہ سے دیکھا اور کہا: "فاطمہ تم دونوں جو پڑھ رہے تھے اسے مجھے بھی دکھاؤ"۔ فاطمہ نے قرآن کے وہ اجزا سامنے لاکر رکھ دیے۔ اس کو پڑھتے ہی ان کا پتھر کی طرح سخت دل موم کی طرح پگھل گیا۔ ان کی زبان پر بے اختیار کلمۂ شہادت جاری ہو گیا۔

حضرت عمرؓ اس تبدیلی کے بعد حضرت محمدؐ کے آستانۂ مبارک پر پہنچے۔ آپؐ نے ان کا دامن پکڑ کر فرمایا: اے عمر! کس ارادے سے آیا ہے؟ یہ سوال سنتے ہی ان کے جسم پر کپکپی طاری ہو گئی۔ نہایت نرم لہجے میں کہا: "ایمان لانے کے لیے۔" حضرت محمدؐ بے ساختہ اللہ اکبر پکار اٹھے۔ آپ کے ساتھ تمام صحابہؓ نے اس زور سے نعرہ مارا کہ مکہ کی فضا گونج اٹھی۔

حضرت عمرؓ نے جب اسلام قبول کیا اس وقت صرف چالیس آدمی ہی اسلام لائے تھے۔ وہ چھپ کر نماز پڑھتے تھے۔ حضرت عمرؓ کے اسلام لانے کے بعد ایک نئے دور کا آغاز ہوا۔ انھوں نے اعلانیہ اپنے اسلام کا اظہار کیا۔ مشرکین کی شدت کا ڈٹ کر مقابلہ کیا اور مسلمانوں کی جماعت کے ساتھ کعبہ میں نماز ادا کی۔ اسی طرح جب دشمنوں کے ظلم و ستم سے مجبور ہو کر حضرت محمدؐ نے ہجرت کا حکم دیا تو حضرت عمرؓ نے اعلانیہ مکہ سے مدینہ ہجرت کی۔ یہ واقعہ ۶۲۳ء کا ہے۔

حضرت عمرؓ نے مدینہ میں بھی حضرت محمدؐ کا ہر موقع پر ساتھ دیا اور اسلام کی حفاظت کے لیے تن من دھن کی بازی لگا دی۔ وہ حضرت ابو بکر صدیقؓ کی وفات کے بعد خلیفہ ہوئے۔ مسندِ خلافت پر بیٹھتے ہی انھوں نے فرمایا:

"اے خدا! میں سخت ہوں، مجھ کو نرم کر۔ میں کمزور ہوں، مجھ کو قوت دے۔"

حضرت عمرؓ کا زمانہ اسلام کی تاریخ میں اپنی مثال آپ ہے۔ اس دور میں روم اور ایران کی عظیم الشان حکومتوں کا تختہ الٹ گیا اور دنیا کی یہ دونوں سب سے بڑی حکومتیں اسلامی حکومت میں شامل ہو گئیں۔ اسی زمانے میں مصر پر بھی اسلام کا پرچم لہرانے لگا۔ اس طرح حضرت عمرؓ کی خلافت میں اسلامی حکومت پھیل کر بے انتہا وسیع ہو گئی تھی۔

حضرت عمرؓ کی خلافت کی مدت دس برس، چھ مہینے، چار دن ہے۔ اس مدت میں انہوں نے اتنی بڑی حکومت کو چلانے کے لیے باقاعدہ نظام بھی قائم کیا۔ مقبوضہ ملکوں کو صوبوں میں تقسیم کر کے ہر صوبے کی نگرانی کے لیے ایک والی مقرر کیا۔ بیت المال، عدالت، آبپاشی، فوج اور پولس کے محکمے قائم کیے۔ جیل خانے بنوائے۔ شہر آباد کرائے، نہریں کھدوائیں، مہمان خانے تعمیر کروائے، فوجی چھاؤنیاں بنوائیں، مردم شماری کروائی، اسلامی تاریخ اور سنہ کا تعین کیا اور جگہ جگہ مکاتب قائم کیے۔ ان کی حکومت میں اس قدر آزادی تھی کہ عام لوگ ان سے بے خوف گفتگو کرتے تھے۔

ایک مرتبہ انہوں نے منبر پر چڑھ کر کہا: ”اے لوگو! اگر میں دنیا کی طرف جھک جاؤں تو تم کیا کرو گے؟“ ایک شخص تلوار کھینچ کر وہیں کھڑا ہو گیا اور بولا کہ تمہارا سر اڑا دیں گے۔ حضرت عمرؓ نے آزمانے کے لیے ڈانٹ کر کہا: ”کیا تو میری شان میں گستاخی کرتا ہے؟“ اس نے کہا: ”ہاں ہاں“۔ حضرت عمرؓ نے کہا: ”الحمد للہ ایسے لوگ موجود ہیں کہ اگر میں ٹیڑھا ہو جاؤں تو مجھ کو سیدھا کر دیں گے۔“

ایک مرتبہ مصر کے والی حضرت عمرو بن العاص کے بیٹے نے ایک قبطی کو بے وجہ مارا تو اسے سب کے سامنے اس قبطی کے ہاتھ سے سزا دلوائی اور کہا کہ تم لوگوں نے

آدمیوں کو کب سے غلام بنالیا۔ ان کی ماؤں نے تو ان کو آزاد جنا تھا۔

حضرت عمرؓ راتوں کو گشت کر کے لوگوں کا حال معلوم کیا کرتے تھے۔ ایک دفعہ مدینے سے تین میل دور پہنچے۔ دیکھا کہ ایک عورت کچھ پکا رہی ہے اور دو تین بچے رو رہے ہیں۔ پاس جا کے وجہ دریافت کی تو عورت نے کہا: "ان کو کئی وقتوں سے کھانا نہیں ملا ہے۔ انہیں بہلانے کے لیے ہانڈی میں پانی ڈال کر چڑھا دی ہے۔" حضرت عمرؓ تیزی سے مدینہ آئے۔ بیت المال سے کھانے کی چیزیں لیں اور اپنے غلام اسلم سے کہا کہ اسے میری پیٹھ پر رکھ دو۔ اسلم نے کہا کہ میں لیے چلتا ہوں۔ فرمایا کہ کیا قیامت میں تم میرا بوجھ اٹھاؤ گے؟۔ وہ خود ہی سب سامان لے کر عورت کے پاس گئے۔ اس نے پکانے کا انتظام کیا۔ حضرت عمرؓ نے خود چولہا پھونکا۔ کھانا تیار ہوا تو بچوں نے سیر ہو کر کھایا اور اچھلنے کودنے لگے۔ حضرت عمرؓ یہ دیکھ کر خوش ہوتے رہے۔ عورت نے کہا کہ خدا تم کو جزائے خیر دے۔ سچ یہ ہے کہ امیر المومنین ہونے کے قابل تم ہو، نہ کہ عمر۔

حضرت عمرؓ بیت المال کی نگرانی بھی دیانت داری سے کرتے تھے۔ ایک مرتبہ احنف بن قیس کچھ لوگوں کے ساتھ ان سے ملنے گئے۔ دیکھا کہ اِدھر اُدھر دیوانہ وار دوڑ رہے ہیں۔ احنف کو دیکھ کر کہا: "تم بھی میرا ساتھ دو۔ بیت المال کا ایک اونٹ بھاگ گیا ہے۔ تم جانتے ہو کہ اس میں غریبوں کا حق ہے"۔ ایک شخص نے کہا کہ امیر المومنین آپ کیوں تکلیف اٹھاتے ہیں۔ کسی غلام کو حکم دیجیے وہ ڈھونڈ لائے گا۔ فرمایا کہ مجھ سے بڑھ کر کون غلام ہو سکتا ہے۔

ایک عظیم الشان حکومت کا خلیفہ ہونے کے باوجود حضرت عمرؓ کی زندگی بے انتہا

سادہ تھی وہ معمولی سا لباس پہنتے۔ بہت ہی سادہ غذا استعمال کرتے اور کسی بھی گوشے میں مٹی کے فرش پر لیٹ جاتے۔ وہ تقویٰ، پرہیز گاری، حق پرستی، راست گوئی اور عدل و انصاف کا پیکر تھے۔ اسلامی اخلاق کی مجسم تصویر تھے۔ مدینہ کے ایک پارسی غلام فیروز ابولولو نے ان پر ٦٤٤ء میں صبح کی نماز کے وقت اچانک خنجر سے حملہ کیا اور متواتر چھ وار کیے۔ زخم اتنا کاری تھا کہ جانبر نہ ہو سکے۔ حضرت محمدؐ کے پہلو میں ان کا مزار ہے۔

* * *